Poesía bonita y que se entiende 3

Poesía bonita y que se entiende 3
Nueva antología comentada de poesía actual

MARESÍA
Pie de Página

Título original: *Poesía bonita y que se entiende 3. Nueva antología comentada de poesía actual*
Primera edición, septiembre de 2025

© VV. AA.
Coordinador de la edición: Carlos Valdivia Biedma
© Diseño de cubierta: Pablo Pérez Puig
© Diseño y maquetación de interior: Marta Vega

Depósito legal: M-19322-2025
ISBN: 979-13-990802-1-6

Impreso de forma cariñosa en España.

Índice

Prólogo

Carlos Valdivia Biedma

Lo confieso: soy un mal lector de poesía. Siempre lo he sido. Se me hace difícil concentrarme para entender qué significa tal metáfora, por qué el autor ha elegido esta construcción o qué me hacen sentir esas palabras en ese orden concreto. Además, siempre me ha frustrado que, a pesar del esfuerzo, a veces el poema sea tan críptico que no consiga atravesar la barrera del papel.

Y sé que no soy el único al que le pasa esto. La poesía siempre ha cargado con el sambenito de ser difícil, indescifrable y solo apta para unos pocos. Para el lector medio (o inexperimentado) muchas veces se presenta como un terreno inhóspito e intimidante. Por eso, cuando descubrí Maresía, el sello de poesía de Pie de Página, sentí un pequeño alivio, una nueva forma de entender este género literario.

Para quien no lo sepa, la propuesta de Maresía —colección que dirige Juan Romeu— es sencilla a la par que revolucionaria: acompañar sistemáticamente cada poema con un breve comentario. En la serie de *Poesía bonita y que se entiende* el propio autor nos revela qué estaba pensando al escribir esos versos, cuál fue su intención al elegir determinada imagen o metáfora; y el editor ofrece una lectura, una clave de contexto, una pista crítica que nos orienta sin imponerse. El resultado es un puente entre el poema y el lector. Y eso, para los que miramos la poesía desde lejos con cierto temor, es un regalo.

Gracias a todo esto, he podido superar ese miedo y disfrutar de títulos tan espléndidos como *El comienzo* (Valle Mozas), *Tú dices... Bécquer decía...* (David Araújo) o *Diente de leche* (María José Coronado Luque). Ahora, además, tengo el orgullo de coordinar y comentar esta nueva selección de «poesía bonita y que se entiende», el tercer volumen general de este tipo que publica Pie de Página, a los que hay que añadir la antología de poesía bonita y que se entiende de Argentina, *Versos de un país que nunca pierde la esperanza*, coordinada por Camila Mermet y publicada en 2025.

Este libro es, en cierto modo, una colección dentro de otra colección. Su propósito, como el de los anteriores de la serie, es reunir voces jóvenes, actuales, con algo que contar. Son nueve poetas, como nuevo guiño intencionado a los *nueve novísimos* de la antología de Castellet (1970), pero aquí no pretendemos crear canon, solo dar un altavoz a quienes creemos que pueden aportar algo al panorama de la poesía.

Abre la antología Marina Casas, que nos habla del cuerpo y de la relación que mantenemos con él, de la soledad que sentimos cuando la vida se vuelve un bucle sin salida. Y lo hace con una poesía áspera pero muy íntima:

Pero yo no encuentro la palabra
que diagnostique lo que siento
cuando cualquier estímulo externo
se me inyecta como el dolor de una jeringa.

Le sigue la poesía de Sofía Gil Domingo, que parece invocar a Gloria Fuertes, con unas rimas lúdicas y se diría que casi infantiles, pero que, bajo la superficie, esconden temas amargos, existenciales y melancólicos:

Es fácil decir:
«La rosa solo es rosa porque se posa bien
curiosa»,
pero no todo el mundo transmite ni permite
que su cerebro sienta
lo que la poesía de verdad cuenta.

En esta misma línea, aunque con un tono diferente, escribe Abel Aparicio González, que utiliza su profesión de cartero y las experiencias que esta le ha proporcionado para abordar temas como la España vacía, la vejez, la memoria o las cartas que nunca llegaron:

«A casi las nueve
no vienen los carteros,
no son horas».

María Ramos Salgado se desliza por los versos con delicadeza hasta plantar en el lector una semilla que crece fuerte. Sus textos hablan de lo contemporáneo, de la sororidad, del futuro brillante:

¿Has visto, amiga, entre unas garras,
la blanda almohadilla?
Esa soy yo.

Luis Baeza Andreu nos propone un recorrido emocional en tres poemas que oscilan entre el miedo, la nostalgia y las ganas de vivir. Hay en sus versos ausencia, fragilidad, pero también destellos de luz, de esperanza, pequeñas celebraciones de la pura vida:

Tengo miedo
de que se incendie el piso
de que la tos parta
la noche

Otro viaje, geográfico y emocional, es el que nos propone Tomás Nejamky, argentino afincado en las islas Canarias, cuya poesía es un lamento que añora la tierra natal pero que no puede alejarse de su nuevo hogar. Pueblan sus versos el desierto canario y la selva argentina, suena una guitarra solitaria a lo lejos. Una división del alma que tortura al poeta y le hace soñar con un futuro donde

> A lo mejor un día la traiga
> pa que conozca tus lindos colores,
> para poder juntar mis amores
> y que mi alma no se distraiga.

Con una mirada atenta a los detalles cotidianos, Ana Clara Millán convierte tres momentos concretos —San Valentín, Nochebuena y Nochevieja— en cápsulas poéticas con momentos y gestos que pueden pasar inadvertidos para cualquier otra persona, pero que ella, en tanto que poeta, transforma en dioramas para la eternidad, lugares a los que volver cuando uno necesite revivir un sentimiento:

> desde que te amo tengo una casa
> te digo amor me alegro de estar viva

Alberto García de Haro también escribe desde lo personal, desde la experiencia. Valiéndose de unos versos que Beatriz Minaya (poeta de la casa que publicó *Asunto: Poesía* en 2024) le dedica al hijo del poeta, refleja los primeros momentos como padre; en los otros dos poemas, contrapone el deseo de despertar junto al ser amado y el dolor desgarrador de la ausencia de este:

> Dejaste en mi cama un hueco
> que llené con soledades,
> cambiando tus humedades
> por mi propio roce seco

Cierra esta antología Liz Kalu Ndi, cuya poesía fluye libre, desbordante, como un río de imágenes y emociones que nos arrastra sin remedio. Su lenguaje es puro juego, exploración de la nostalgia, la frustración, el amor que sobrevive en el detalle más mínimo:

> tanto hablar de lo indecible
> que desconozco el lenguaje
> para invocar
> el verde sutil de tus ojos

Confío en que este libro y esta colección sirvan para reconciliar a más gente con la poesía, como me ha pasado a mí. Leer poesía no es solo descifrar un jeroglífico o superar una prueba de ingenio; es abrir una ventana, asomarse a una voz diferente y darse cuenta de que en ella late también algo de nosotros. Y esto se vuelve más sencillo si ayudamos a entender cada poema. Estas nueve voces escriben desde sus tiempos, sus dudas, sus cuerpos, sus pérdidas y deseos, aunque en cada uno de sus versos resuena algo común: una generación que busca significado en un mundo en constante cambio, que no abandona la belleza ni la emoción y que anhela contar algo real. Deseo de corazón que quien lea este libro disfrute, como yo lo he hecho, de la compañía de estos poetas reunidos aquí para decir sin rodeos: la poesía también es para ti.

1

Marina Casas

MARINA CASAS (Buenos Aires, 1986) es psicóloga, escritora, cantautora y bailarina. Su primer largometraje *Del ruido al ritmo* ganó un premio en el Oaxaca Filmfest (2017). Ha escrito y dirigido obras de danza-teatro y ha sacado dos álbumes y dos EP en los cuales utiliza al *tap* como un instrumento. Como poeta, ha publicado *Los animales no saben contar* (Rangún, 2021), *Me niego a escribir un poema sobre vos* (Halley Ediciones, 2022) y *Experimento no planeado* (Enero Editorial, 2024), así como el poemario audiovisual *Aprieta muñecas*, que se puede ver en su canal de YouTube. Los tres poemas que incluimos aquí forman parte de su poemario *Los animales no saben contar*.

A VECES ME DETENGO

en el pasillo yendo
del living a la habitación
ida y vuelta, me detengo
me miro en el espejo que asoma desde el baño
para no olvidarme quién soy.
Para seducirme con mi propio cuerpo
con la astucia de mi piel que me resta
la mitad de los años que cargo a mis espaldas.
Quiero todavía sostenerme
poner dos broches en mis hombros
mantenerme erguida
como la ropa nueva en mi balcón
que a pesar de los vientos que la mueven
no se deja caer.

Comentario de la autora

Este poema habla de la relación con el propio cuerpo, de la mirada propia y podría decirse también de la mirada ajena en la propia, de lo que uno se dice a sí mismo al encontrarse con su propia imagen, de los momentos en los que uno se conoce y también se desconoce, de la propia palmada que uno se da en la espalda para seguir adelante.

Comentario del editor

Durante gran parte de mi vida he sido incapaz de mirarme a un espejo y aceptar lo que me devolvía. Mucha terapia y mucho amor han conseguido que eso cambie, que al mirarme pueda «seducirme con mi propio cuerpo» y entenderlo como algo precioso, deseable y unido a mi identidad. El poema de Marina encierra esa sensación en tan solo unos pocos versos escritos con una naturalidad que rompe y que empodera.

Hikikomori

dicen que es un trastorno japonés
como si acá no supiéramos
encerrarnos para hacer
de la soledad un lugar seguro.

Wikipedia describe
que es un fenómeno social
con síntomas de ansiedad, fobia y timidez.
Pero yo no encuentro la palabra
que diagnostique lo que siento
cuando cualquier estímulo externo
se me inyecta como el dolor de una jeringa.

Suele afectar a hombres
pero acá son hombres
los que la mayoría de las veces
me dan miedo.
Dejo de tomar taxis,
dejo lo fallido de las citas,
dejo las amistades

para no hablar otra vez
de los fracasos.
La repetición de lo mismo
me robotiza aún más que encerrarme
con la televisión o la internet.

Comentario de la autora

Este poema surgió al quedarme en la mente la palabra *hikikomori*, que conocí realizando un curso y fue inspiración para escribir un poema sobre su significado, pero relacionándolo con sensaciones propias. Al igual que el poema anterior, remite a esa profunda introspección de estar con uno mismo, de observarse, de ponerse en contacto con la angustia más íntima, que es un poco lo que caracteriza a toda mi poesía. Curiosamente, ahora leyendo estos poemas veo que también pueden identificarse a una época, a la que atravesamos en la pandemia o incluso después de ella. Son poemas casi premonitorios en ese punto, ya que fueron escritos con anterioridad a la misma.

Comentario del editor

Marina utiliza un concepto japonés (que en muchas ocasiones responde más a un fetiche occidentalista que a un término real en la cultura de origen) para abordar la sombra del miedo que producen los hombres (y, por tanto, el patriarcado) en ambientes como pueden ser la calle, un taxi o una cita. La soledad aquí no es una patología, sino una defensa. Es este un miedo ante el que no queda más que una respuesta: el encierro como forma de supervivencia.

En la adultez enamorarse

se parece más
a una decisión
que a una mariposa

una pastilla
o el borde de una piel
para no enloquecer

la piel
que me haga borde
y sostenga
una espalda contra la mía
advertida
que si uno empuja de más
nos caemos dos.

COMENTARIO DE LA AUTORA

Este es uno de mis poemas favoritos de una época, ena-
morándome y pensando a su vez en analizar el enamora-
miento en la década de los 30, cargado un poco de humor
y sarcasmo, elementos que siempre se hacen presentes
en mis palabras. Tiene que ver con indagar en el amor,
¿qué forma y lugar toma en uno? Como sostén, como
apoyo emocional, o tantas otras cosas que uno podría
pensar. Tiene también cierta nostalgia, de esa sensación
del amor de la adolescencia o juventud y también abre la
puerta a esos sentimientos en otro momento de la vida.

COMENTARIO DEL EDITOR

Ante el romanticismo clásico del amor poético, Ma-
rina aboga por una practicidad, una decisión, como
ella misma dice. Para ello, evoluciona una metáfora
clásica (la mariposa) para convertirla en el equilibrio
y la estabilidad de dos espaldas la una contra la otra.
Todo contenido dentro de una piel que delimita, pero
que sostiene a la vez al otro, con cuidado de no empujar
demasiado para no romperlo.

2

Sofía Gil Domingo

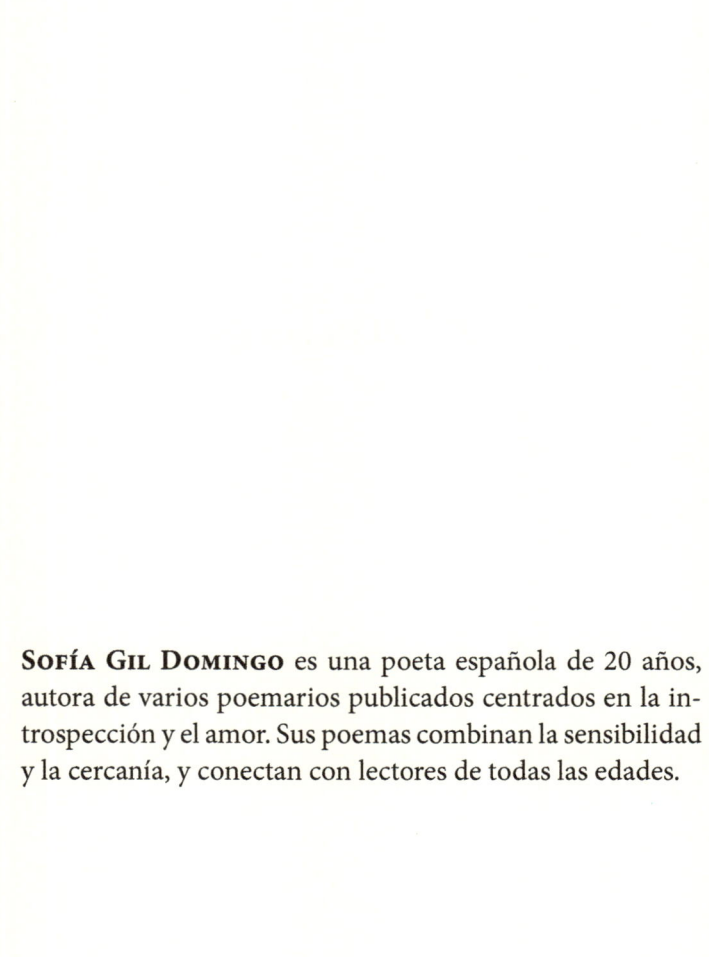

SofÍA GIL DOMINGO es una poeta española de 20 años, autora de varios poemarios publicados centrados en la introspección y el amor. Sus poemas combinan la sensibilidad y la cercanía, y conectan con lectores de todas las edades.

1

Hay mucha gente que se sorprende cuando les
digo que escribo poesía,
me dicen:
«¿Rimas *gato* con *zapato*?
¿*Rojo* con *cerrojo*?».
Si para que la gente
me tenga en mente,
me tome en serio,
en este misterio
que es la poesía,
yo he de rimar,
este sistema de tonterías tendré que engañar.
Es fácil decir:
«La rosa solo es rosa porque se posa bien
curiosa»,
pero no todo el mundo transmite ni permite
que su cerebro sienta
lo que la poesía de verdad cuenta.

Comentario de la autora

Hay muchas personas que no saben exactamente lo que es la poesía, se creen que si no rima o si no tiene cierta estructura no se considera poesía, pero un verdadero poeta es el que escribe y transmite con sus palabras, sin importar la estructura o la rima.

Comentario del editor

Sofía firma una declaración de intenciones ante quienes se acercan a la poesía de manera superficial. Con ironía, se rebela contra el prejuicio de que la poesía debe rimar —algo que viene de lo mal que se enseña a leer y a escribir poesía en muchos colegios— y afirma que la esencia de la poesía no se basa en rimar por rimar, sino en conmover y hacer sentir.

Sofía Gil Domingo

2

¿La Tierra se cansará de girar?
No sé,
yo a veces me canso de vivir y solo llevo en este
mundo dieciocho años.
No me imagino estar aquí billones de años,
viendo a todo y todos morir mientras tú
sigues aquí,
simplemente girando,
sin poder hacer nada.
¿La Tierra se cansará de girar?
Porque yo sí que me canso de vivir.

Comentario de la autora

Hay veces que uno se cansa de vivir y no puedes más, luego te acuerdas de la gente mayor que tú y piensas en cómo lo hacen; yo en vez de pensar en personas mayores que yo, pienso en la tierra, la cual ha presenciado todos los acontecimientos que aún intentamos descifrar. La tierra lleva aquí billones de años y sigue fuerte, girando, sosteniéndonos a todos… Después de presenciar destrucción, muerte, dolor… sigue fuerte y brillante. Si alguna vez pierdes fuerzas, piensa en la Tierra, y sigue girando, sigue fluyendo.

Comentario del editor

El cansancio humano tras una dura semana se mezcla aquí, en un cóctel existencialista, con el inexplicable girar de la Tierra. Una pregunta repetida para hacer de este texto un poema circular que poder leer una y otra vez hasta que, quién sabe, alguien encuentre la respuesta.

Sofía Gil Domingo

3

Hablo contigo los siete días de la semana.
Pienso en ti mínimo seis veces al día.
Si te pasa algo,
tardaré menos de cinco minutos en ir a
ayudarte.
Incluso tras cuatro meses sin vernos
y tres llamadas perdidas,
no dudaré dos segundos en darlo todo por ti,
porque siempre serás mi prioridad número uno.

Comentario de la autora

Creo que todos tenemos esa persona por la que dejaríamos todo y haríamos lo que fuese si nos llamase. Es cierto que esa persona puede variar con los años; de hecho, si es la misma por mucho tiempo puedes considerarte muy afortunado. Pero este poema lo escribí porque, da igual el tiempo que pase o si nos distanciamos, yo sé que, si recibo un mensaje o una llamada de esa persona, haría lo que fuera por ella.

Comentario del editor

Ofrecer una lealtad absoluta, casi incondicional, como la que demuestra Sofía, es algo que no se ve todos los días. Para hacerlo, juega con una cuenta regresiva desde los siete días de la semana hasta el número uno que es la persona destinataria del poema. Algo en principio simple, pero muy efectivo.

SOFÍA GIL DOMINGO

3

Abel Aparicio González

ABEL APARICIO GONZÁLEZ (San Román de la Vega, León, 1980) es cartero y escritor. Ha colaborado en el fanzine *Creatura* y actualmente lo hace en *iLeon.com*. Su obra abarca poesía, relatos y crónica de viajes, con títulos en los que combina memoria, compromiso social y raíces rurales. Ha publicado varios poemarios, una antología, un libro de viajes y un volumen de relatos. En 2024 presentó *Cartero rural* (Marciano Sonoro Ediciones).

CONFESIONES

«Carterín, ¿hoy me traes algo?»,
pregunta descansando sus años
sobre el tapial que la vio nacer.

«Últimamente no me llega nada»,
susurra desahogando
su débil hilo de voz.
«A los cincuenta habitantes
de este pueblo —continúa—
nunca nos pasa nada,
solo ese tren amarillo
que, dicen,
nos quieren quitar».

«Y tened cuidado
—señala firme y directa
levantando la mirada—:
si esto sigue así,
los siguientes
seréis
vosotros».

Comentario del autor

Una mujer de ochenta y ocho años, de nombre Amor
y vecina de un pueblo de la montaña oriental leonesa,
todos los días me hacía la misma pregunta: «¿Carterín,
hoy me traes algo?». Con esa mujer hablaba el tiempo
que me permitía el reparto diario, y en uno de esos días
me avisó de que, si la despoblación sigue así, los siguien-
tes en desaparecer de los pueblos, después del ferrocarril
de vía estrecha que une León con Bilbao, serán los car-
teros rurales.

Comentario del editor

Este poema-advertencia se dirige ya no solo a quien
lo escribe, sino a quien lo lee. Un augurio, casi, que pre-
dice el fin de la vida rural en un país marcado por las
grandes ciudades y que hace uso de la poesía para llevar
a cabo una crítica social que a quienes hemos dejado
el pueblo por la ciudad no nos resulta indiferente. La
poesía aquí reside en que lo máximo que les puede pa-
sar (a los habitantes del pueblo) es la ausencia del tren;
es decir, su máxima preocupación no son las cosas que
pasan, sino las que dejan de pasar.

Abel Aparicio González

Razón

Golpeas la aldaba
de un portón
de madera y noche.
«¿Quién llama?»,
inquiere una voz
anciana y firme.
«Cartero, soy el cartero».

«A casi las nueve
no vienen los carteros,
no son horas».
Y allí, quieto y solo,
al otro lado del calor,
escuchas alejarse
sus sosegados pasos
detonando los grilletes
de una vorágine
no entendida.

COMENTARIO DEL AUTOR

La madre del destinatario de un paquete de un pueblo de la Maragatería (León), a casi las nueve de una noche de febrero, escuchó cómo llamaban a su puerta. Cuando preguntó quién era, le respondí al otro lado de la puerta que era el cartero y que traía un paquete. La mujer no se fio de que a esas horas fuera a ser un cartero y decidió no abrirme la puerta. El poema viene a explicar que vivimos en un mundo de necesidades creadas que no son tal, y que se puede esperar a recibir el paquete al día siguiente, que nada es tan urgente.

COMENTARIO DEL EDITOR

Me gusta mucho la sorpresa que ofrece este poema. La primera parte insinúa un cuento de los de toda la vida. Pero la segunda parte corta cualquier fantasía y nos da un golpe de realidad a través de una abuelita, más astuta de lo que aparenta, que decide no abrir la puerta a un visitante nocturno. Cuando todo el mundo sabe que los visitantes nocturnos son los más divertidos.

ABEL APARICIO GONZÁLEZ

Escribir

Hay tormentas desatadas
por palabras que no se dijeron.
Lo callado como antesala
de un recuerdo amargo
y el arrepentimiento ondean
en las banderas del pasado.

Escribir sí cuesta tanto,
pero alivia la balanza
de las cartas que no fueron
y seguimos esperando.

Comentario del autor

En este poema quiero trasmitir esa sensación que sentimos al pensar qué habría ocurrido si a determinadas personas les hubiésemos dicho lo que pensábamos decirles y nunca les dijimos, ya sea por vergüenza, por pereza o por miedo. Decirlo o escribirlo cuesta mucho, pero entiendo que nos alivia de futuros remordimientos.

Comentario del editor

La carga emocional del silencio puede ser a veces insostenible. Las palabras no dichas se convierten en tormentas para el autor. Frente a ellas, la escritura emerge como acto liberador. Aunque a veces llegue demasiado tarde.

Abel Aparicio González

4

María Ramos Salgado

MARÍA RAMOS SALGADO (Irún, 1998) traduce, escribe, ilustra. Ha llevado a otros idiomas a autores como Jane Austen, Emily Brontë, Elizabeth Gaskell, Bernardo Atxaga o Anjel Lertxundi. En 2024 se publicó su primera obra propia, *Cartas gallegas. Una mirada hacia la Galicia interior*, en el sello vía postal de la editorial leonesa Mr. Griffin. Cuando está feliz, escribe poemas; cuando está triste, también, pero no los enseña.

DE PALABRAS, UNA CASA

Quiero hacer de palabras
los cimientos de una casa
para que cuando el silencio invada la tuya
te abra la puerta, diciendo: «Pasa».

Llenaré con mis palabras tus recodos,
palabras reconfortantes,
palabras reclinables y reclinadas,
palabras decorativas, preciosas palabras.

Suban por mis paredes
palabras enredadas,
te arrope yo en la cama
con palabras suaves y arrulladas.

Que sea cada ladrillo
una palabra certera y acertada.
Y por fin descubras que nuestra casa
es la palabra adecuada.

Comentario de la autora

Cuando pienso en lo que es un hogar, no siempre me viene la imagen de una casa, de un espacio físico. En muchas ocasiones los hogares son las personas, sus palabras y actos. Este poema es un juego, en el que las palabras se transforman en piezas de una casa, objetos que van creando un hogar, y son finalmente esos intercambios de palabras los que dan forma a la convivencia.

Comentario del editor

Un vampiro solo puede entrar en tu casa si tú lo invitas. Tal es el poder de las palabras. Así lo demuestra el dominio de María a la hora de construir este poema-casa, en el que las palabras (combinaciones aleatorias de letras a las que asociamos un significado) son herramientas para construir una casa, una relación o un poema. Y, generosa como ninguna, María nos ofrece ese hogar propio y nos invita a ponernos cómodos en un sofá hecho de acentos. Y todo se acciona con el poder de las palabras, de una en concreto: «Pasa».

María Ramos Salgado

LAS AMIGAS

¿Has visto, amiga, en el asfalto,
un diente de león?
Esa soy yo.

¿Has visto, amiga, entre las nubes,
el pedazo de cielo azul?
Esa soy yo.

¿Has visto, amiga, entre unas garras,
la blanda almohadilla?
Esa soy yo.

Esa soy yo, soy yo en todas,
y también eres tú.

Comentario de la autora

En muchos días tristes me ha alegrado la visión de la belleza cotidiana, de lo pequeño y precioso. Me parecen esas visiones una representación de la amistad, de la búsqueda de lo amable en un mundo con espinas y aristas. Quizá sea hasta un ejercicio de rebeldía buscar esos recodos amables. Quiero pensar que yo hago todo lo posible para ser también esa pequeña alegría en el trajín mundano, igual que lo son mis amigas para mí.

Comentario del editor

Cuando el ritmo de la ciudad y del trabajo se hace inasumible, basta con escribir a un amigo y decirle de dar una vuelta, de tomar una cerveza, de comerse unas pipillas en el parque mientras os desahogáis hablando de lo mal que está la vida. A los días, pasas por ese mismo parque y ves alguna cáscara de pipa en el suelo y te acuerdas de tu amigo y sonríes tontamente y piensas lo afortunado que eres para, entre toda esa hostilidad, tener a alguien tan suave y reconfortante; sensación que se revive nítidamente en este poema.

María Ramos Salgado

En un bosque

En un bosque
(¿muy cerca? ¿muy lejos?)
voy a encontrar un camino,
al fondo,
un claro.

El sol dorado
pintará el follaje,
me invitará a perseguir siempre
su luz esperanzadora.

Pisaré sobre hojarasca
suave y áspera,
permitiré que por mí pase
cada pequeño dolor
cada pequeño alivio

y caminaré sonriente
hacia el final del sendero
donde quién sabe
lo que me espera.

Comentario de la autora

Me gusta pasearme por las imágenes de este poema cuando siento que la vida me supera. En esos momentos en los que no tengo claro qué es lo que debo hacer, pienso en ese sendero a través del bosque, ese camino trazado por el que resulta agradable caminar. Siempre intento, en lo que escribo, que la esperanza sea el sentimiento predominante y este paseo por el bosque es un camino de esperanza, hacia la esperanza, hacia la luz, un paseo en el que busco recuperar la confianza en mí misma y me digo que, de un modo u otro, sabré seguir hacia adelante.

Comentario del editor

El bienestar en este poema es un horizonte que se promete cálido y luminoso. Un camino que termina en el ocaso y que no es más que la metáfora de la vida, llena de dolores y alivios que hay que atravesar, porque salirse del camino no es una opción. Si algo nos demostró *El mago de Oz* es que lo mejor siempre es el camino, no la meta (y que no hay que fiarse de los populismos baratos).

María Ramos Salgado

5

Luis Baeza Andreu

LUIS BAEZA ANDREU (Santa Pola, 1989) es profesor de Lengua Castellana y Literatura en un instituto de Madrid. Cursó sus estudios superiores de música en el Conservatorio Superior de Música de Aragón y es licenciado en Periodismo por la Universidad Miguel Hernández de Elche. Desarrolla una intensa labor de divulgación de la literatura a través de su cuenta profesional @enunsalonconmilventanas y del pódcast @literaturrapodcast.

PERO NO ESPERASTE

Tener hijos es estar siempre esperando a alguien.
GUADALUPE NETTEL

Pero no esperaste nunca a que cesara el llanto,
a que yo volviera
de ese viaje celeste de hipopótamos y margaritas
en donde los recién nacidos dan forma a lo incierto,
a esa bruma de la mirada que devendrá en caricia,
en lienzo, en mapa,
pero que ahora se expande en el techo hacia las esquinas,
pétalo gigante, boca gigante, planeta.

Aprendí pronto el rigor de lo solemne,
porque esa procesión de figuras
hablaba de una ausencia.

No esperaste en la puerta del colegio
a que yo saliera con las rodillas raspadas,

con el dibujo de Navidad y su chimenea fascinante,
un humo desde mis dedos, castañas y reyes,
un poco de agua, eso no es nada, cielo,
y una fiesta de cumpleaños a la que ir.

No esperaste a que mis huesos dejaran de doler,
a que mis pies pisaran, por fin, sin estremecerse.

Cuánto suelo entonces bajo la planta.

No esperaste a que dejara de usar plantillas,
a que pudiera, por fin, andar
sobre la impureza del mundo,
sobre la irregular extensión de la alegría.

No esperaste a que llegaran a mí los colores,
el río, la sonata. No tuviste la paciencia suficiente
para escuchar la queja,
para combatir la guerra
de mi piel con el aire.

No esperaste el camino, la intemperie,
la gloria de un amor que tuvo una casa.

Cómo aprender entonces la espera.
Cómo no el desamparo.

LUIS BAEZA ANDREU

Comentario del autor

Este poema es una adversativa, la segunda parte de la oración de Guadalupe Nettel: «Tener hijos es estar siempre esperando a alguien». El texto dialoga con eso que debió haber sido y no fue. Se interpela, así, de manera directa a la madre que no esperó y que, por tanto, no cuidó, no contuvo, no amparó. La vida, sin embargo, ha seguido su curso para el yo lírico, que en su balance de logros y derrotas anota la alegría, el amor, el conocimiento y el futuro.

Comentario del editor

Hoy en día, no podría imaginarme mi vida sin mi madre, para lo bueno y para lo malo. Conforme me hago mayor, su futura ausencia se convierte en un peso cada vez más grande. Una espera de algo que va a ocurrir y que supone un hito en la vida de la mayoría de las personas. Una idea (la de perder a una madre) que ha sido alimentada por la literatura y, en concreto, por la poesía. Es impresionante ver cómo este poema consigue por medio de hechos concretos transmitir la amargura de la ausencia de la madre, casi justificándola por esos inconvenientes que acarrea la infancia. Algo que acentúa terriblemente la sensación de abandono en todos esos momentos. En este caso, esa ausencia es una pérdida temprana, elegida y, por tanto, algo injusta, pero que la poesía convierte en algo delicado que, al igual que en el poema, «se expande en el techo hacia las esquinas».

Tengo miedo

Tengo miedo
de que se incendie el piso
de que la tos parta
la noche

de que no pueda decirle
más al mundo que un día lo amé,
un día en que la luz trepó por la avenida
y las estatuas custodiaron el incendio
en sus palmas heladas de mármol,

miedo de no encontrar unos dedos
que recuerden con su camino
la torcedura de la espalda,
manos que me hagan
que repitan
lo que de mí deba repetirse

miedo de habitar el espacio informe
del idioma, el vertedero silencioso

donde mueren los que no fueron
nombrados

miedo de vivir recluido
en las afueras del día
en el hueco decisivo de dos recuerdos

miedo de no saber regresar a casa
de no haber desarrollado el músculo necesario
para levantar en brazos
el presente
como a una novia

miedo de que no me llamen los amigos
de que no me inviten a las fiestas
de que no me reconozcan
de que sus voces ya no digan nada nuestro
de que mis ojos ya no levanten con los suyos
el peso de ninguna alegría

miedo de este miedo
que sabe escribirse
que tan bien me conoce.

Luis Baeza Andreu

Comentario del autor

Hay una tristeza que viene de sentirse disminuido, pequeño, lejano. Es el miedo a la vida. Es el miedo a no ser reconocido y no ser nombrado por los demás. Este poema está atravesado por ese temor a lo que no tiene nombre y por la inquietud de que el futuro no tenga nada para nosotros. Hay algo primitivo aquí que tiene que ver con la desolación de la noche y su silencio, con este estar expulsados en el mundo temblorosos, casi desnudos, todavía con la congoja del niño que tiene que aprender por sí mismo algunas cosas.

Comentario del editor

A medida que avanzan los versos, la voz poética parece hacerse cada vez más pequeña bajo el peso de un miedo que se multiplica y se hace gigante. Los miedos reales (el incendio de un hogar) se mezclan con los miedos proyectados (la ruptura de una amistad), reflejando así los tormentos de una voz que puede ser la de toda una generación, que avanza con pasos inestables, sin saber siquiera si existe un futuro.

ASPIRACIÓN

Aspiro a convertirme a veces
en fría piedra, en el meandro
que dibuja el río en la tarde.
Querría ser un poco insecto,
la torcedura de sus alas,
la adivinanza discontinua
sobre la espalda de las cebras.
Me gustaría ser la mesa,
la superficie suficiente
sobre la que cortar pan tierno
y una familia feliz pudiera
estrechar en mí sus manos,
sacudirse el amor en manteles
limpios, quedarme para siempre
con el desorden de sus migas.
En la palabra yo deseo
sus referencias milenarias,
raíz de la raíz y el grito,
y en lo oscuro, una luciérnaga.
Pretendo de la sinfonía

LUIS BAEZA ANDREU

su acuerdo de silencios largos
la luz dorada de las arpas,
un poco de mí en cada parte
algo de aliento o de mirada
también el miedo y sus contornos.
Aspiro entonces a quedarme
en el vagido de los bosques
cuando solo la lluvia sea
un vientre que me está diciendo.

Comentario del autor

En «Aspiración» late un deseo y una certeza. A pesar de
todo, hay una voluntad firme por una permanencia plena
y vibrante en el mundo, por conocer su música y su tem-
po. Lo que se desea aquí es una comunión con el entorno,
con su rutina amable del pan en la mesa y el intercambio
familiar. El arte se entiende, así, como una manera de de-
jar algo propio en los demás —todo lo aprendido, todo lo
sentido— y en todo lo que late y vibra.

Comentario del editor

Si el miedo protagonizaba el poema anterior, aquí
son las ganas de vivir las que toman el control y lo
inundan todo con escenas llenas de luz y hogar. De lo
tangible (una piedra o un insecto) camina hacia lo sen-
sorial (la melodía de un arpa o el vagido de un bosque).
Imágenes tan emotivas que apetece quedarse a vivir en
ellas. Yo, si me lo permitís, me quedo en «Me gustaría
ser la mesa, / la superficie suficiente / sobre la que cor-
tar pan tierno».

6

Tomás Nejamky

TOMÁS NEJAMKY (31 de agosto de 1992) nació en el litoral argentino y es fruto de una mezcla de sangres europeas y, aunque vive en España desde hace unos cuantos años, la herencia de su tierra sangra en él. Escribe para descubrir el misterio que le habita y así algún día encontrarse en las palabras. Escribe para dejar en esta vida un leve rastro de amor y esperanza.

ATRÁS QUEDÓ EL DESIERTO

Atrás han quedado los mares,
el océano abierto.
Atrás quedó la inmensa soledad del desierto.

Bienvenido sea lo nuevo,
bienvenida la aventura.
Atrás se quedó el silencio
de esa Fuerteventura.

Comentario del autor

Cuando regreso de visita a casa de mis padres en Argentina, siempre me acompaña la extraña sensación de liberación de mi destino, como si por un momento la soledad dejara de doler.

Comentario del editor

A pesar de su brevedad, este poema abarca un sentimiento amplio como el océano (o el desierto de agua) que separa Canarias de Argentina. La isla de Fuerteventura funciona como un ancla geográfica y, a la vez, un juego de palabras: un fuerte al que siempre volver tras la aventura.

TOMÁS NEJAMKY

CERRO COLORADO

La vida tiene colores,
colores de verde selva,
color azul de los mares
aroma a cedrón y menta.

Voces de mansos ríos
tiene la vida tantas,
las coplas las trae el viento
y mi guitarra las canta.

COMENTARIO DEL AUTOR

Cerro Colorado es un pequeño pueblito en la serranía del norte cordobés argentino, con apenas unos cientos de habitantes. Su nombre se debe al color rojizo de sus areniscas. Su territorio es un tesoro arqueológico, con pictografías de los antiguos cazadores recolectores que hallaban protección en sus aleros. El famoso poeta argentino Atahualpa Yupanqui levantó entre los cerros su morada, que le ha servido de refugio durante el exilio.

COMENTARIO DEL EDITOR

Los colores, los aromas y los sonidos toman el control en apenas dos estrofas para pintar una estampa que sirve de refugio para el poeta en su exilio. Si en el poema anterior nos encontrábamos a medio camino entre dos países, esta estampa es claramente propia de la selva argentina.

TOMÁS NEJAMKY

ADIÓS, CERRO COLORADO

Adiós, Cerro Colorado,
me voy nuevamente al desierto,
para poder encontrar lo que es mío,
para poder encontrar lo que es cierto.

Dejé un amor en la isla,
entendí que la vida no es fácil,
el corazón es un alma frágil
y fácilmente se aísla.

A lo mejor un día la traiga
pa que conozca tus lindos colores,
para poder juntar mis amores
y que mi alma no se distraiga.

Comentario del autor

Luego de mi paso por Cerro Colorado en busca de la inspiración que llevó al poeta Atahualpa Yupanqui a asentarse en su tierra, he sentido una profunda aflicción al tener que partir. Con el retorno a mi hogar en las islas Canarias, imagino un dolor comparable al que habrá sentido Yupanqui, abandonando el mágico cerro en sus largas giras por Europa y Japón.

Comentario del editor

Si en el primer poema el autor viajaba a Argentina y en el segundo latía con los colores de la selva, aquí vuelve a Canarias. Y no lo hace por gusto, sino por amor. Dejó «un amor en la isla», soñando con algún día mezclar ese amor con el que siente por los colores de su tierra (la que ruge en el estómago) y así unir dos piezas de un puzle.

Tomás Nejamky

7

Ana Clara Millán

ANA CLARA MILLÁN (2003) es estudiante de la Licenciatura y el Profesorado en Letras de la Universidad Nacional del Sur. Reside en Bahía Blanca (Argentina), donde realiza trabajos de docencia, investigación y escritura. Su primer libro, *Fenomenología de la ternura*, se publica este año en ediciones en el mar. Participó de antologías como *Anuario de poesía contemporánea* (Un Libro Una Casa) y *Versos de un país que nunca pierde la esperanza* (Maresía). Su mayor interés académico y lector es la poesía de Emily Dickinson y sus traducciones latinoamericanas.

I.

Te digo amor fundaría una ciudad para tus besos
para tu risa que suena igual a una plaza llena de chicos
                                    [contentos
para tus manos moldeadoras de toda la ternura que
                                    [existe en el mundo
para tus ojos que se abren como dos flores en el medio
                        [de la noche en el fondo del jardín
una ciudad para nuestro idioma único sobreviviente de
                                    [Babel
tus palabras incluso antes de ser palabras se
        [corresponden a las mías mis morfemas son
hechos a semejanza de los tuyos salen de dos cuerpos
                        [hechos a la medida del amor
te hablo con gestos absurdos desesperados torpes
los dos tenemos la capacidad de asombro de un niño
con esa efervescencia infantil te muestro mis libros mis
                    [discos te muestro cómo me gusta
tomar el café de qué forma enrosco las piernas para leer
                                    [o para amarte
con una sonrisa en la cara pienso que el amor es

aprender al otro no como un alumno en una
escuela sino como quien mira fascinado un cuadro y lo
                    [memoriza por no sacarle los ojos de
encima
por cierto te dedico cada cuadro y cada verso que veo
                    [el amor es que el Arte tenga nombre y
apellido
te digo mis manos son para escribir y para tocarte no
                        [sirven para nada más
con mis manos llegué y te pedí que me hagas un
                            [lugarcito:
ya no habito este mundo como antes,
ya no puedo conocer la hostilidad
desde que te amo tengo una casa
te digo amor me alegro de estar viva

ANA CLARA MILLÁN

Comentario de la autora

Estas líneas, que tienen menos de experimentación poética y más de bálsamo emocional, fueron un regalo entregado un 14 de febrero como quien da unas flores arrancadas del asfalto. Son los pensamientos de un cruzar el umbral del enamoramiento, entrar —fascinada y aterrada—, y vivir para contarlo.

Comentario del editor

Quien no haya estado enamorado alguna vez no podrá leer este poema. Mirará la página en blanco y se preguntará por qué hemos dejado una página vacía. No podrá entender lo que significan los versos que Clara borda con cuidado y con flores sobre el papel como una ofrenda de amor.

II.

mi abuelo lustra tomates como joyas
el pájaro viene cantando a beber de este cuidado
                              [charquito
un niño, 4 o 5 años, se ríe de la hoja que carga la
                              [hormiga
una mujer se saca los lentes e intenta acariciar la última
                              [flor amarillenta
él sonríe con cada gota que repiquetea en esta lluvia
                                   [tenue
podría morir de cosas así

ANA CLARA MILLÁN

Comentario de la autora

Este poema lo escribí la tarde de un 24 de diciembre, a la espera de la cena familiar de Navidad. Estaba feliz, triste, nostálgica y sofocada por las emociones que cerraban un año tumultuoso. En las vísperas de su fin, me sentí maravillada por la permanencia del encuentro, lo tierno y el consuelo.

Comentario del editor

Clara consigue plasmar en este breve poema —no le hace falta más— una escena que puede recordarnos a cualquier representación de la Sagrada Familia (con María y José observando embobados cómo el niño Jesús juega con un pajarito). Un cuadro que podría colgar perfectamente de la pared de casa de tus abuelos, con un marco antiguo pero resistente, inmutable al paso del tiempo, una escena que siempre causa ternura y un calorcito en el pecho. Porque algunas cosas nunca cambian.

III.

como para benedetti
nuestro amor es un niño muerto
y cada tanto me acuerdo de él y lo visito
le llevo flores
limpio la lápida
rezo, no sé a quién
y me siento a contarle quién soy ahora
le hablo de los lugares a los que quisiera llevarlo
de los libros que sé que le hubieran gustado
de las canciones que desearía haberle cantado
y le leo todos los poemas que le escribí

a veces las visitas se tornan muy tristes
y a veces el llanto es desconsolado
y a veces la desesperación es incontrolable
y a veces los guardias del cementerio me tienen que
                                             [sacar
porque empiezo a tratar de desenterrarlo

ANA CLARA MILLÁN

y que ya acepté que está muerto
y que es un niño muerto
y quién no llora a un niño muerto

Comentario de la autora

Estas líneas cumplen ya unos cuatro o cinco años. Son la canción lúgubre que sonó en el final de una era de tristeza, dolor y desconcierto. Unas palabras escritas con desenfreno, machucones y tachaduras. Pero que dejan residir, en esa misma brutalidad, su potencia. Un golpe final de gracia para levantarse, y seguir amando y escribiendo.

Comentario del editor

Al igual que el joven enamorado del Parque Botánico del poema de Benedetti, la autora refleja aquí un amor perdido al que vela en un cementerio (probablemente, también poblado de árboles como el parque del poema original). Un amor que, al igual que un niño muerto, «solo de a ratos parecía / que iba a vivir / que iba a vencernos». Un amor que se nos quedó en las manos y que añoramos, soñando a quién se hubiera parecido al hacerse mayor.

Ana Clara Millán

8

Alberto García de Haro

ALBERTO GARCÍA DE HARO (Melilla, 1981) de niño quería que le pagaran por leer, pero ni existían los *booktubers* ni conocía el negocio editorial, así que estudió matemáticas y ahora escribe programas informáticos para ganarse la vida, cartas para aclararse las ideas y poemas para expresarlas. Sigue leyendo cuanto cae en sus manos, que actualmente suelen ser los libros de Sally Rippin y Mar Benegas para su hijo de cinco años.

EMPEZAR

Empezar otro día a tu lado,
desear que no termine,
por si es un sueño. Pero,
si es un sueño, desear
que se termine, y despertar,
y empezar otro día a tu lado.

Comentario del autor

Conocí por Borges el sueño de Zhuangzi en que era una mariposa, o el de la mariposa que soñaba que era Zhuangzi. Es un pensamiento que me encanta y me aterroriza al mismo tiempo: ¿cómo podemos ser felices, ignorando si lo que vivimos es sueño o realidad? Ojalá sea tan fácil como esto: que nuestros sueños quieran ser nuestra realidad.

Comentario del editor

Entre las incógnitas que el ser humano nunca podrá despejar se encuentra la de saber si lo que vivimos es real o tan solo un juego de algún ente superior (Dios jugando a *Los Sims*). Con cierta reminiscencia a *La vida es sueño*, el autor enlaza acertadamente esa incógnita con la presencia del ser amado. Da igual si es real o no, lo importante es estar a su lado.

ALBERTO GARCÍA DE HARO

Hueco

Dejaste en mi cama un hueco
que llené con soledades,
cambiando tus humedades
por mi propio roce seco.
Dejaste un hueco en mi vida,
de repente, tan vacía...
Esperaba cada día
que no quemase la herida.
Dejaste un hueco en mi alma
triste, gris y polvorienta.
Deseé que la tormenta
me hiciera olvidar la calma.

COMENTARIO DEL AUTOR

Este poema habla de lo que dejan atrás las rupturas, del vacío físico, pero también del emocional y vital. Intenté que se escucharan dos de mis canciones favoritas: *Dentro*, de Luis Eduardo Aute, y *Quemas*, de Xoel López. Los últimos dos versos quieren reflejar el claroscuro entre saber que la relación tenía que terminarse y la angustia por saber que se ha terminado, y la temeridad de preferir la tormenta en la que llevamos un tiempo navegando a la calma que quizá no llegue nunca.

COMENTARIO DEL EDITOR

Si a Safo le parecía «igual a los dioses el hombre que está frente a ti, sentado…», aquí el autor se lamenta por la ausencia de un ser amado. El hueco, físico y figurado, en su cama le recuerda un cuerpo que ya no existe y le impide seguir adelante. Y, por momentos, la voz preferiría el caos de su existencia que la nada de su ausencia.

ALBERTO GARCÍA DE HARO

NICOLÁS

Aún no osamos a llamarte,
tales son las ganas de que llegues
BEATRIZ MINAYA

Y por fin llegaste y te nombramos,
y también buscamos nombres nuevos
para el dolor, el amor y el miedo.

Conocimos el cansancio y los desvelos,
y cómo es que te arda el pecho
de querer sin medida, ni márgenes, ni tiempo.

Por fin llegaste y fue tu nombre
la victoria del pueblo.

Comentario del autor

Beatriz, a quien tanto admiro, le escribió un poema a mi hijo antes de que hubiésemos decidido su madre y yo que se llamaría Nicolás (que significa «La victoria del pueblo»). Suyos son los versos que lo presentan, y suya es también la «culpa» de que Nico se refiera a los dudús como «Pepe». Este es simplemente un poema de paternidad.

Comentario del editor

Un nombre puede dar forma tangible a una realidad que hasta el momento solo estaba dentro de nosotros. Un nombre puede cambiar la manera en la que vemos a alguien, aún más si ese alguien es un hijo. Utilizando unos versos de otra autora de Maresía —todo queda en casa— el autor dedica a Nicolás, su hijo, unas palabras donde mezcla los amargores que implica un bebé recién nacido y el amor absoluto de alguien a quien hemos puesto nombre nosotros mismos.

Alberto García de Haro

9

Liz Kalu Ndi

Hija de Evodia, camerunesa, y Kelvin, nigeriano, **LIZ KALU NDI** (2002) nació y creció en Madrid, donde desde muy temprana edad mostró interés por el arte y el mundo de las letras. Mientras estudiaba la carrera de Arte 3D, encontró en la poesía una forma de lidiar con las dificultades que implica encontrarse a una misma, ahora como una joven adulta en Londres. Actualmente, su tema de interés es el amor, del que lee, comparte y escribe artículos en línea.

TENGO QUE IR A POR MÁS LANA

desde que dejaste de vivir
mi único deseo es volverme
anciana

que me duelan los huesos
al sentarme en el sillón
hueco
del salón
irruido por los años
irruida yo por los años
que pasan, que pesan
en las arrugas de la cara
de tanto llorar
y de mucho más reír
     [espero

que el mayor placer de la vida
sea el aire, el ahora
que respiro
el silencio de las agujas al tejer

ya la última bufanda
        [o una última manta
tantas bufandas hechas mantas
una nunca sabe qué acaba tejiendo
a estas alturas ya no importa
después de tantas mantas y bufandas
arrugada como una pasa
cómo pasan los años que pesan
mejor sentada
en el mismo sillón hueco del salón
irruido por las agujas
        [del tiempo
        irruida yo
por la risa por el llanto

y por la ausencia del amor
que nunca fue.

mi mayor deseo desde que dejaste de vivir
es volverme anciana
esperando haber encontrado la lana
con que tejer toda una vida sin ti.

Liz Kalu Ndi

Comentario de la autora

Cuando escribí este poema, solían aparecer en mis redes sociales los típicos vídeos de jóvenes por la calle interrogando a personas mayores, preguntándoles si se arrepentían de algo que hicieron y qué consejo le darían a su yo del pasado. Dolida por una situación desafortunada, reciente por aquel entonces, anhelaba la sensación de realización, reflexión y aceptación desde la que respondían a las preguntas.

Echaba de menos poder dejar de padecer y comenzar a ver desde una postura lejana. Desde el desapego donde, por distancia, y, sobre todo, por tiempo, pudiese recordar lo que viví en ese momento con absoluta contención y desinterés. Los años que vestían aquellos ancianos eran testimonio de que eso que yo sentía como un eterno presente, como una herida que nunca se curaría, no siempre sería así.

Una actividad que tengo por afición actualmente y asociada con frecuencia a la edad avanzada es hacer ganchillo. Así que, con esa estampa y con mi deseo por que pasase el tiempo para sanar, es decir, volverme anciana, escribí este poema. Que mi mayor problema sea siempre ese, tener que ir a por más lana.

Comentario del editor

Liz parte del deseo de envejecer —y de que salte el tiempo hasta ese momento— como refugio ante el dolor para suavizar la ausencia. Y lo hace a través de dos elementos: el tiempo (devenir anciana) y la rutina (el ganchillo). Con bufandas y mantas crea imágenes que recrean la suavidad de la lana, pero que funcionan también como metáforas de otras relaciones (¿seguiré acordándome de ti mientras disfruto de un último amor en la senectud?). Una Penélope a la inversa, que decide seguir tejiendo porque sabe que a quien espera no va a volver.

EL V E R D E DE TUS OJOS.

tanto   hablar   de   lo
indecible
que   desconozco   el
lenguaje
para invocar
el verde sutil de tus ojos

no sabía yo
que este no poder decir
no poder nombrar no
solo se le destinaba a la ausencia
no solo era propio de la nada

ahora
mis silencios
y mis intentos de romperlos
ahora mis versos
hablan de ti

Comentario de la autora

Yo empecé a escribir poesía desde la ausencia; en un momento en el que sentía que me faltaba [algo, alguien]. Y, como no había manera de darle forma, de definirla con unas pocas palabras y nociones cotidianas, eché mano del poema, que al final no deja de ser otra forma de, como mínimo, intentar darle nombre a lo vivido.

Sin embargo, el paso del tiempo cura muchas cosas. Y llena vacíos. Y por fin no escribía intentando hablar del hueco que sentía en mi vida, de algo prácticamente inexistente. Esta vez me sentía completa, y había algo [alguien] definido, real, al que dirigir mis letras. Era como aprender a deletrear, a escribir por primera vez. Dejé de mencionar fantasmas, lo oculto, la noche (sí, soy fan de Pizarnik), para escribir del tan nítido y claro v e r d e de sus ojos.

Por eso, es un poema tan rápido y conciso. No hace falta aclarar, remarcar, corregir lo ya definido. Eso, y que aún no tenía las herramientas [el lenguaje] para saber hablar de ello.

Comentario del editor

Para Liz, lo indecible no solo nombra la ausencia, sino también la presencia abrumadora. Ya hemos abordado en esta antología el poder de una palabra, pero en este caso se trata del poder de una ausencia de palabra. ¿Qué decir cuando no existe un término para describir la mirada del ser amado? Para eso siempre nos quedará la poesía.

SESENTAYCINCOMIL

lo más doloroso que me has dicho es «te
                                    [quiero»
a unos ojos que no eran los míos te encuentran
entre sesentaycincomil personas del público
agarrado a una mano

que no es la mía.

era yo la mayor loca en un estadio
donde eran una la locura y la noche
sesentaycincomil bocas cantando a viva
                                    [voz
y mi voz muerta, cantándote a ti, tu
nombre.
          [o tu muerte.

sesentaycincomil por dos ojos que miro
esperando que miren y de paso me
                                    [saquen
de la nada solitaria en la que me hunde
un «te quiero» que no es mío.

LIZ KALU NDI

lo más doloroso que me has dicho es que me
                                        [quieres,
entre medias de unas sesentaycincomil personas
pasa que solo a una de ellas se lo dijiste
sesentaycincomil

y ninguna de ellas era yo.

Comentario de la autora

Siendo esta antología testimonio de ello, a veces los sentimientos son tan crudos que no hacen falta florituras ni frases hechas ni expresiones pedantes (de las que peco y mucho) para hablar de ellos. Este poema nace de la pura emoción, entre un derrame de lágrimas. Más que un relato o un ejercicio reflexivo, es una foto de un instante muy concreto.

Es sencillo, directo; pocas sensaciones peores que ver a quien quieres de la mano de otra persona. Y, cuando estás en medio de un recinto con más de 65 000 personas, la sensación de soledad se exacerba. Tanta gente junta y, sin embargo, no soy yo la elegida. Una de entre 65 000; y no era yo.

Oscilaba entre la resignación y la completa negación del hecho. Por eso, loca yo, a veces cantaba su nombre, pero no quería aceptar que realmente era su muerte (pues ya no existía ninguna posibilidad). Y, desquiciada yo, seguía buscando confirmación en sus ojos, pero ojos que ya no eran míos. Es una realidad difícil de digerir en el momento, y este poema es reflejo de ello.

Liz Kalu Ndi

Comentario del editor

Como un grito ahogado en medio de una multitud, el dolor nace de ser testigo del amor del amado hacia otra persona. Amar pero no ser amada. Y no serlo además en un espacio de celebración como es un concierto, un evento que se ha esperado y preparado durante meses, y que contrasta la celebración colectiva y la ruina emocional de la voz poética.

Todas las er*r*atas de este libro
han sido colocadas estratégicamente.